SIGNS.
Grafica Italiana
Contemporanea

T0283197

25 protagonisti del design della comunicazione

SIGNS.
Contemporary
Italian Graphic Design

25 protagonists of
communication design

A cura di / *Edited by*
Francesco Dondina

SilvanaEditoriale

Il valore delle differenze

Francesco Dondina
curatore

È consuetudine consolidata rivolgersi al grande pubblico per spiegare che cosa sia la grafica utilizzando una figura retorica che, attraverso un lungo elenco di oggetti d'uso, riveli quanto la nostra quotidianità sia letteralmente sommersa e talvolta sopraffatta da messaggi e forme visive che disegnano il paesaggio della nostra vita di tutti i giorni.

Attraverso questo stratagemma si fa notare quanto la forma visiva della realtà abbia non solo un inequivocabile valore funzionale ma addirittura strutturale nel condizionare i nostri comportamenti o le nostre abitudini e nell'intervenire in modo radicale sullo sviluppo della nostra cultura, dell'economia e in fondo della realtà: perché non c'è realtà senza forma e la forma visiva realizzata attraverso l'uso di segni, immagini e parole è ciò che costituisce l'oggetto di quella specifica attività che oggi chiamiamo design della comunicazione.

Dal punto di vista dell'osservatore la grafica è dappertutto nelle nostre città, nelle nostre case, nei nostri uffici, nei negozi, negli oggetti che utilizziamo, nelle diverse forme di comunicazione, nei messaggi orientati a promuovere merci o in quelli rivolti a propagandare idee, a creare sistemi di identità, di orientamento o di percorso logico. Ciò che noi vediamo è comunque l'esito di un processo, il risultato di una serie di operazioni disciplinari che si realizzano attraverso l'uso di tecnologie avanzate ma che non sempre ci rendono consapevoli su chi ci sia dietro tutto questo e quale sia il suo ruolo professionale, quali le relazioni che intercorrano tra i diversi interlocutori, partners o committenti e in che modo il suo operare si ponga in una relazione di continuità o meno con la tradizione storica e con gli scenari contemporanei internazionali. Ma, sia chiaro, non tutta la grafica che vediamo o di cui usufruiamo è progettata, ossia creata consapevolmente, ma quando questo avviene allora vuol dire che dietro c'è un designer della comunicazione. Qual è il suo campo d'azione, quali le sue competenze e fin dove si estendono? Forse potremmo rispondere dicendo che se l'architetto/designer può progettare "dalla forchetta al grattacielo", allo stesso modo per il grafico potrebbe valere la formula "dal francobollo al centro commerciale".

Questo per quanto attiene all'estensione del suo lavoro ma poi c'è una dimensione etica e civile della professione che investe la sfera della responsabilità, tema delicato e controverso ma che innegabilmente ha caratterizzato generazioni di progettisti che hanno fatto la storia della grafica in Italia. Una storia che affonda le proprie radici in profondità e con una lunga tradizione soprattutto legata alla tipografia, ossia l'arte di dare forma alla scrittura. Dalle iscrizioni romane alle belle lettere rinascimentali, la nostra storia si snoda fino a incontrare e riconoscere in Aldo Manuzio e nelle sue straordinarie edizioni il primo grande editore/tipografo in senso moderno, inventore delle edizioni tascabili e del corsivo (detto *Italic*, per l'appunto), artefice di un processo di democratizzazione della cultura che da Venezia, nella prima metà del '500, si diffuse in tutta Europa. Poi ancora avanti sino a imbatterci nel genio neoclassico di Giovan Battista Bodoni, rappresentante italiano di quella tradizione di eleganza e armonia che ha visto primeggiare in Francia Firmin Didot e in Inghilterrra John Baskerville (pensiamo all'uso elegante che hanno fatto del suo carattere designer moderni del calibro di Massimo Vignelli, Bob Noorda o Franco Maria Ricci). Ma è la grande rivoluzione futurista a dare spinta propulsiva alla nostra storia, proiettando la grafica e la tipografia verso orizzonti del tutto inesplorati sino ad allora. I principi compositivi classici che si espressero per secoli attraverso il mito della centralità, della simmetria, dell'equilibrio strutturale vengono scardinati per dare vita a una nuova ideologia progettuale che si consoliderà anche grazie all'azione delle altre cosidette "avanguardie storiche" e alle istanze rivoluzionarie che hanno infiammato l'Europa nei primi due decenni del '900 e che inevitabilmente hanno plasmato la ricerca artistica e tipografica. È bene ricordare che la storia della grafica italiana ha sempre avuto un legame forte con tutti i movimenti artistici e che questa relazione è imprescindibile per conoscerne la storia. Come non ricordare l'effetto che procurò sulla cultura tipografica e progettuale l'esperienza del costruttivismo sovietico o del neoplasticismo e l'influenza di artisti come Klee, Kandinsky, Mondrian, El Lissitzky, Rodchenko, Van Doesburg.

Ma l'opera che più di tutte influenzò in maniera determinante l'affermarsi di quella nuova cultura compositiva così rivoluzionaria e anticlassica è stato il libro *La nuova tipografia* di Jan Tschichold, geniale e coltissimo progettista tedesco di origini slovacche, che proclamò a gran voce i principi della composizione asimmetrica. E poi l'esperienza sperimentale del Bauhaus di Walter Gropius, Johannes Itten e Joseph Albers che contribuì alla nascita e all'affermazione del movimento Moderno e del Funzionalismo. In quegli anni nasceva il design in senso moderno e con esso anche il design grafico. In Italia l'anno di grazia è il 1933, quello della V Triennale di Milano diretta da Mario Sironi, durante la quale Paul Renner presentò il carattere tipografico Futura che tanta fortuna ebbe nel rappresentare lo spirito moderno che in quegli anni andava ad affermarsi; nasceva poi *Campo Grafico*, la rivista di grafica e tipografia moderna animata per soli 66 numeri da Attilio Rossi e Carlo Dradi e sempre a Milano Antonio Boggeri fondava il suo studio di progettazione, primo esempio di agenzia di servizi di comunicazione, presso il quale hanno gravitato nel corso degli anni autori che hanno fatto davvero la storia della grafica italiana prima e dopo la Seconda guerra mondiale come Xanti Schawinsky, Erberto Carboni, Remo Muratore.

Ma la stagione gloriosa ed eroica della nostra storia è quella che si snoda dal dopoguerra e negli anni del boom economico anche grazie al contributo di autori che dal nord Europa hanno portato in Italia per la prima volta l'idea di sistema e di immagine coordinata come Max Huber e Bob Noorda.

È la stagione aurea della grafica nata in seno alle eccellenze industriali italiane come Olivetti, Pirelli, Italsider, Campari, Rinascente, Einaudi, Feltrinelli e che grazie alla lungimiranza di imprenditori, manager e direttori della comunicazione come Adriano Olivetti, Arrigo Castellani, Leonardo Sinisgalli, Giulio Einaudi, Giangiacomo Feltrinelli ha contribuito a promuovere e valorizzare il design e la cultura del progetto in ogni sua forma.

Pensiamo al lavoro insuperabile di Albe Steiner, Bruno Munari, Giovanni Pintori, Max Huber, Massimo Vignelli, Roberto Sambonet, Giulio Confalonieri, Pino Tovaglia, Ilio Negri, Giancarlo Iliprandi, Franco Grignani e ancora Mimmo Castellano, Michele Provinciali, Silvio Coppola.

Una stagione italiana e milanese straordinaria e unica che ha visto i grandi marchi italiani e le grandi opere, dalle case editrici alle aziende di prodotti industriali, dalle metropolitane agli elettrodomestici, affermarsi e prosperare assieme al design e ai designer che hanno contribuito a far nascere quello che oggi in tutto il mondo è riconosciuto come il Made in Italy.

Accanto a queste grandi esperienze progettuali ci sono state le grandi scuole che, come l'Umanitaria e la sua Scuola del Libro, hanno contribuito all'impianto di una didattica rigorosa ed efficace anche e soprattutto sul piano ideologico e culturale, grazie all'azione instancabile di curatori e docenti come Steiner e Provinciali che hanno sempre inteso la professione e la didattica come impegno civile se non addirittura come militanza.

Dunque ancora una volta si parla di grafica italiana o meglio – in questo caso – di grafici italiani anche se la scelta di mettersi dalla parte del progettista è soltanto un espediente per tentare una narrazione condivisa e il più possibile estesa anche al di fuori dei confini disciplinari.

Nell'arco dei decenni passati non poche sono state le mostre e le occasioni di divulgazione del design grafico svoltesi in Italia e in particolare a Milano; alcune sotto forma di documentazione storica altre più indirizzate a mostrare tendenze e orientamenti, ma tutte in qualche modo pervase dall'urgenza di promuovere quell'ambito del pensiero e dell'opera culturale che gravita attorno al mestiere di grafico. Un mestiere – diciamolo chiaramente – difficile da definire ancora oggi malgrado gli sforzi per imbragarlo in ambiti disciplianari ben circoscritti e codificati. Un mestiere intellettuale, artistico e artigianale al contempo ove conoscenza, sensibilità e artificio tecnologico convivono nello stesso spazio progettuale e vitale. Da tempo si dice che la figura del progettista grafico sia vicina alla figura di un regista che si muove nell'ambito di materie e culture visuali differenti avvalendosi di tecnologie e strumenti diversi. In parte è una visione condivisibile, ma temo che la questione sia più complessa e delicata e l'affermazione di un pensiero unico alquanto pericolosa.

Partendo da questa premessa credo sia davvero difficile configurare una definizione univoca del mestiere di grafico, mentre ritengo più corretto riconoscerne la fluidità e rendersi disponibili a una lettura aperta e accogliente verso tutte le forme di differenze espressive e dei diversi campi di azione nei quali è chiamato a cimentarsi un progettista ai giorni nostri, dal design delle informazioni, a quello delle interfacce e delle interazioni. In caso contrario ci troveremmo in grande difficoltà ad accogliere nello stesso ambito disciplinare figure tanto diverse e paradossalmente antitetiche come quelle di un Leo Lionni accanto ad un AG Fronzoni o di un Bruno Munari accanto a un Massimo Vignelli, giusto per fare qualche esempio che guarda al nostro passato recente.

Quello che mostreremo in questa occasione sono i lavoro di diverse figure di progettisti/autori, ciascuno con il proprio mondo e la propria storia, diversi tra loro per provenienza, anagrafe e linguaggi, nella convinzione che solo un aperto confronto tra le differenze sia la strada giusta per un percorso di conoscenza e di riflessione consapevole.

La prima grande mostra sulla grafica realizzata a Milano è datata 1940 e si svolse nell'ambito della VII Triennale, intitolata "Mostra grafica" a cura di Guido Modiano con il supporto di Luigi Veronesi e Bruno Munari e con la consulenza di Giovanni Pintori e Leonardo Sinisgalli per il progetto di allestimento, con l'intento di raccontare le cose e non i personaggi, esattamente l'opposto di quello che facciamo noi a Base. Ma la Triennale è stato il luogo deputato per tante altre mostre e iniziative importanti sulla grafica, come nel 1957 con una commissione creata *ad hoc* e composta da Egidio Bonfanti, Aldo Colombo, Franco Grignani, Attilio Rossi, Leonardo Sinisgalli e Ignazio Weiss, fino ad arrivare ai nostri giorni con "New Italian Design" del 2007 a cura di Andrea Branzi, Silvana Annichiarico e Mario Piazza, una panoramica sullo stato dell'arte del nuovo design tra cui anche il design della comunicazione o "Spaghetti Grafica 2" del 2009 a cura del Ministero della grafica, fortunato sequel di "Spaghetti Grafica" sui nuovi scenari contemporanei, o "Wor(l)ds" del 2011 a cura di Giorgio Camuffo, uno sguardo personalissimo su alcuni orizzonti internazionali, fino a "TDM5 grafica italiana" , la grande mostra storica curata da Mario Piazza, Carlo Vinti e Giorgio Camuffo. Ma tante altre sono state le iniziative minori per dimensioni e portata, ma non per questo meno importanti; ricordiamo "Grafici Italiani" a cura di Giorgio Camuffo, una selezione di eccellenti protagonisti della grafica italiana tra gli anni '80 e '90 oppure la bellissima "Come comete" svoltasi ancora una volta alla Triennale, a cura di Mario Piazza, un piccolo gioiello filologico attorno ai progetti e ai progettisti che nel corso degli anni hanno contribuito a delineare l'identità visiva della Triennale stessa, da Sironi a Ciuti, da Munari a Huber, da Steiner a Confalonieri e poi via via, Roberto Sambonet,

Massimo Vignelli, Bob Noorda, Italo Lupi e molti altri. Come altrettanto interessantissima la mostra "Visual design, 50 anni di produzione in Italia" a cura di Giancarlo Iliprandi, Franco Origoni, Alberto Marangoni e Anty Pansera del 1984. E poi le numerosissime mostre e manifestazioni organizzate dall'AIAP-Associazione italiana design della comunicazione visiva in oltre settanta anni di attività.

La seconda edizione della mostra "SIGNS. Grafica Italiana Contemporanea", in continuità con la prima edizione del 2016, ha come obiettivo quello di presentare al grande pubblico il mestiere di grafico e il suo ambito disciplinare ma anche i diversi linguaggi, le tipicità e gli orientamenti di alcuni tra i principali autori della grafica italiana contemporanea e se possibile di sostenere la tesi che vede il nostro *graphic design* godere di ottima salute sulla scia della sua grande tradizione storica ma sempre capace di rinnovarsi e confrontarsi con il panorama internazionale.

"SIGNS" è una mostra autoriale e transgenerazionale che si rivolge a un pubblico non esclusivamente di addetti ai lavori e per questo necessariamente democratica e moderatamente didascalica, che mette a confronto in un dialogo incrociato le differenze di stile, di linguaggi e di approccio. Una mostra che si rivolge soprattutto ai giovani, agli studenti e a tutti coloro che sono interessati ad avvicinarsi o ad approfondire le proprie conoscenze attorno a questa materia. Ma si rivolge anche e soprattutto agli imprenditori, ai manager e ai tanti dirigenti pubblici di enti culturali e di servizi affinché si avvicinino alle eccellenze che contraddistinguono la comunità dei progettisti grafici italiani.

La mostra, che si snoda in uno spazio di circa ottocento metri quadri al piano terra di BASE, il nuovo polo culturale ed espositivo sorto nel 2015 negli spazi dell'Ex Ansaldo in Piazza Bergognone a Milano, raccoglie una selezione di venticinque progettisti di eccellenza, rappresentativi del panorama italiano.

Ai partecipanti è stato destinato un tavolo che vuole restituire in parte l'idea di atelier e che conterrà non solo una ricca selezione di lavori e di progetti ma anche, in alcuni casi, di disegni preparatori, *maquettes* e prototipi per mostrare al pubblico non solo gli artefatti finiti ma anche il processo di creazione e di progettazione.

Gli autori e gli studi presenti a "SIGNS" non sono una selezione definitiva e arbitraria tra le tante possibili ma soltanto una tappa di un percorso virtuoso che vuole tracciare nel tempo una mappa delle eccellenze italiane nel campo del *visual design*.

The value of differences

Francesco Dondina
curator

It is common practice to explain graphic design to the general public using a tactic that reveals, through a long list of ordinary objects, the degree to which our everyday lives are literally flooded with and sometimes overwhelmed by images and visual messages that form the landscape of our day-to-day reality.

Through this tactic, we point out the degree to which the visual form of reality has both practical and structural weight in conditioning our behaviour and habits and also has a radical influence on the development of culture, the economy and indeed reality itself, since there is no reality without form and the visual form created using signs, images and words is the object of the activity we now call communication design.

From the perspective of the viewer, graphic design is found everywhere in our cities, homes, offices, shops, the objects we use, the various forms of communication, advertising and messages used to spread ideas and create systems of identity, orientation, and logic. What we see is the result of a professional process, a series of steps that use advanced technologies, but we are not always aware of who is behind it, what their professional role is, what their relation is to the various parties, partners, and clients and how their work is continuous with or breaks from tradition and what is happening internationally. Of course, not all of the graphic design that we see or use is designed, which is to say created deliberately, but when it is, it means that there is a communication designer behind it. What is his/her field of action, what are his/her skills and how far do they extend? We might answer by saying that if the architect/designer can design everything "from a fork to a skyscraper", the graphic designer can do everything "from a stamp to a shopping centre".

That would be the range of his/her work, but there is also an ethical and civil aspect of the profession that has to do with responsibility, a delicate, controversial subject but one that has undeniably characterised generations of designers that have made the history of graphic design in Italy. A history deeply rooted in and with a long tradition linked to typography, which is to say the art of giving form to writing. From ancient Roman inscriptions to beautiful Renaissance lettering, our history meanders up to Aldo Manuzio and his extraordinary, printed volumes: he was the first great modern publisher/typographer, inventor of pocket-size books and italic typeface and author of a process of cultural democratisation that spread from Venice in the first half of the sixteenth century to all of Europe. Then came the Neoclassical genius of Giovan Battista Bodoni, the Italian representative of the tradition of elegance and harmony led in France by Firmin Didot and in England by John Baskerville (here we might think of the sophisticated ways in which modern designers like Massimo Vignelli, Bob Noorda and Franco Maria Ricci used the latter's typeface). But it was the great Futurist revolution that propelled our story forward, projecting graphic design and typography towards hitherto unexplored horizons. The classical compositional principles that had been expressed for centuries through the myth of centrality, symmetry and structural balance were broken up in favour of a new design ideology that gained ground in part thanks to the work of the "historical avant-gardes" and the revolutionary activity that ignited Europe in the first two decades of the twentieth century and inevitably shaped artistic and typographic production. It should be kept in mind that Italian graphic design has been closely tied throughout its history to artistic movements and recognising this relationship is necessary for understanding its development. Examples include the effect of Soviet Constructivism and Neoplasticism on typographic culture and the influence of artists like Klee, Kandinsky, Mondrian, El Lissitzky, Rodchenko and Van Doesburg. But the most determinant influence on the rise of the new, revolutionary, anti-classical compositional style was the book *The New Typography*, by Jan Tschichold, a brilliant and highly cultured German designer who boldly championed the principles of asymmetrical composition. And then the experimental work of the Bauhaus under Walter Gropius, Johannes Itten and Joseph Albers, which contributed to the emergence and arise of the Modern movement and Functionalism. Modern design was born in those years, and with it graphic design. In Italy, the year of grace was 1933, the year of the 5th Milan Triennale, directed by Mario Sironi, where Paul Renner presented the Futura typeface that so effectively represented the modern spirit of the times. Then, the same year, came *Campo Grafico*, the modern graphic design and typography magazine founded by Attilio Rossi and Carlo Dradi and published in 66 issues, and the founding of Antonio Boggeri's design studio, also in Milan, the very first communication agency and a magnet for the figures who made the history of Italian graphic design before and after World War II, including Xanti Schawinsky, Erberto Carboni and Remo Muratore.

But the glorious and heroic chapter of our history was the one that wound from the post war period to the years of the Italian economic boom, in part thanks to designers from northern Europe who introduced the concepts of system and coordinated image into Italy, including Max Huber and Bob Noorda.

It was the golden age of graphic design, born in the bosom of leading Italian companies like Olivetti, Pirelli, Italsider, Campari, Rinascente, Einaudi and Feltrinelli and promoting design and design culture in all its forms through the far-sightedness of entrepreneurs, managers and communication directors like Adriano Olivetti, Arrigo Castellani, Leonardo Sinisgalli, Giulio Einaudi and Giangiacomo Feltrinelli.

Here we are thinking of the peerless work of Albe Steiner, Bruno Munari, Giovanni Pintori, Max Huber, Massimo Vignelli, Roberto Sambonet, Giulio Confalonieri, Pino Tovaglia, Ilio Negri, Giancarlo Iliprandi, Franco Grignani, Mimmo Castellano, Michele Provinciali and Silvio Coppola.

It was an extraordinary, unique period in Italy and Milan during which the great Italian brands and projects, from publishing houses and companies selling industrial products, to undergrounds and household appliances, rose and prospered along with the design and designers that contributed to the birth of what is now known all over the world as the Made in Italy brand.

Alongside this exceptional work were the great design schools, like the Umanitaria School of Design and the School of Book Design, which contributed to an ideologically and culturally rigorous and effective educational methodology through the tireless work of curators and teachers like Steiner and Provinciali, who always understood the profession and education as civil engagement – if not militancy.

And so, we are back to talking about Italian graphic design, or better, in this case, Italian graphic designers, even though the decision to concentrate on the designer is only a device to attempt a common narrative that extends as much as possible outside the confines of the discipline.

In recent decades, numerous exhibitions and other events devoted to graphic design have been organised in Italy, and in Milan in particular. Some with a focus on historical documentation, others more directed towards trends and orientations but all in some way pervaded by an urgent need to promote the thinking and cultural production that gravitates around the profession of graphic design. A profession, let's be clear, that remains difficult to define, in spite of efforts to locate it within well-circumscribed and codified fields of study. It is an intellectual, artistic and artisan profession in which knowledge, sensibility and technology coexist in the same dynamic design space. It has long been said that the graphic designer is like a director, moving amongst different visual cultures and subjects using a range of different technologies and tools. This is partly true, but I fear that the issue is more complex and delicate, and the assertion of a single definition is quite dangerous.

Starting from this premise, I believe that it would be truly difficult to argue for a single definition of the profession of graphic designer, and it would be more correct to recognise its fluidity and remain receptive to an open, welcoming reading of all the forms of expressive difference and fields of action that today a designer is called upon to work within, from information design to that of interfaces and interactions. Otherwise, we would find ourselves at pains to categorise together within the same discipline such different and paradoxically antithetical figures as Leo Lionni and AG Fronzoni or Bruno Munari and Massimo Vignelli, just to cite a few examples from Italy's more recent past.

What we shall present in this exhibition is the work of different designers/authors, each one with their own world and story, different from one another in origin, personal details, and language, firmly convinced that open comparison of differences is the right path towards mindful knowledge and reflection.

The first major exhibition devoted to graphic design in Milan, *Mostra grafica*, was organised in 1940 in connection with the 7th Triennale. Curated by Guido Modiano with the support of Luigi Veronesi and Bruno Munari and, for the exhibition design, Giovanni Pintori and Leonardo Sinisgalli, the aim was to talk about things, not people, just the opposite of what we do at BASE. But the Triennale was the designated venue for many other important exhibitions and initiatives devoted to graphic design, such as the *ad hoc* committee created in 1957 and formed by Egidio Bonfanti, Aldo Colombo, Franco Grignani, Attilio Rossi, Leonardo Sinisgalli and Ignazio Weiss, up to our own time with *New Italian Design* in 2007, a survey of the state of the art of new design, including communication design, and curated by Andrea Branzi, Silvana Annichiarico and Mario Piazza, *Spaghetti Grafica 2* in 2009, a successful sequel to *Spaghetti Grafica* concentrated on new contemporary scenarios and curated by Ministero della Grafica, *Wor(l)ds* in 2011, a highly personal look at a few international developments curated in Giorgio Camuffo, and *TDM5 grafica italiana*, a major historical exhibition curated by Mario Piazza, Carlo Vinti and Giorgio Camuffo. But there have also been numerous more focused, smaller-scale exhibitions that were no less important, including *Grafici Italiani*, a selection of exceptional, leading Italian graphic designers from the 1980s and 1990s curated by Giorgio Camuffo, and the stunning *Come comete*, a meticulous little gem of a show at the Triennale curated by Mario Piazza that spotlighted the designs and designers that contributed over the years to creating the visual identity of the Triennale itself, including Sironi, Ciuti, Munari, Huber, Steiner, Confalonieri, Roberto Sambonet, Massimo Vignelli, Bob Noorda, Italo Lupi and many others. Another deeply interesting smaller show was *Visual design, 50 anni di produzione in Italia* in 1984, curated by Giancarlo Iliprandi, Franco Origoni, Alberto Marangoni and Anty Pansera. Not to mention the many exhibitions and events organised by the AIAP (Italian Association of Visual Communication Design) over its seventy years of activity.

The second edition of the exhibition *SIGNS. Contemporary Italian Graphic Design* continues the work of the first edition of 2016 with the aim of introducing the general public to the profession and discipline of graphic designer as well as to the different languages, unique characteristics and orientations of some of the leading figures in contemporary Italian graphic design and, if possible, of lending support to the argument that Italian graphic design is in excellent health following in the footsteps of a grand historical tradition but always able to revitalise itself and dialogue with the international scene.

SIGNS is an authorial and cross-generational exhibition addressed not only to specialists but also to the general public for which it is necessarily democratic and moderately didactic, comparing differences in style, language and approach. An exhibition that is most importantly addressed to young people, students and everyone interested in learning about or deepening their knowledge of the subject. But also entrepreneurs, managers and heads of public service and cultural organisations, to engage them with the extraordinary work that distinguishes the community of Italian graphic designers.

The exhibition is set up in a space measuring about 800 square metres on the ground floor of BASE – the new cultural and exhibition space that opened in 2015 at the Ex Ansaldo in Piazza Bergognone, Milan – and presents the work of twenty-five talented designers representative of the Italian scene.

A table has been dedicated to each designer to partly recreate the idea of a studio, where visitors will find not only a rich selection of projects but also, in some cases, preparatory drawings, models and prototypes to show not only finished products but also offer a window onto the process of creation and design.

The designers and projects in the exhibition do not represent a definitive and arbitrary selection among the many possibilities but rather one segment of a journey tracing out a map of Italian excellence in visual design.

Franco Achilli / A+G

Architetto e visual designer, Franco Achilli nel 1982 è in G&R Associati come assistente di Emilio Fioravanti; nel 1984 apre lo studio a Milano con Mario Piazza e Guglielmo Ghizzardi. Nel 1995 fonda A+G con Ghizzardi, occupandosi di design editoriale e comunicazione culturale. Dal 1984 si dedica all'attività accademica con incarichi in scuole e università italiane e internazionali. È progettista per la *brand identity* (160 marchi disegnati) e per l'*exhibit design* (oltre 70 allestimenti per mostre). Ha scritto saggi e curato pubblicazioni sulla grafica. Insegna all'Università IULM Milano e dal 2019 è direttore accademico di Raffles Milano.

Architect and visual designer, Franco Achilli joined G&R Associati in 1982 as an assistant to Emilio Fioravanti; in 1984 he opened his own studio in Milano with Mario Piazza and Guglielmo Ghizzardi. In 1995 he founded A+G with Ghizzardi, dedicating himself to editorial design and cultural communication. Since 1984 he devoted himself to academic activity with roles in Italian and international schools and universities. He is a designer of brand identities (160 projects for logos) and of exhibit design (more than 70 projects for exhibitions). He has written essays and edited publications on graphic design. He teaches at IULM University in Milan and from 2019 he is academic director of Raffles Milano.

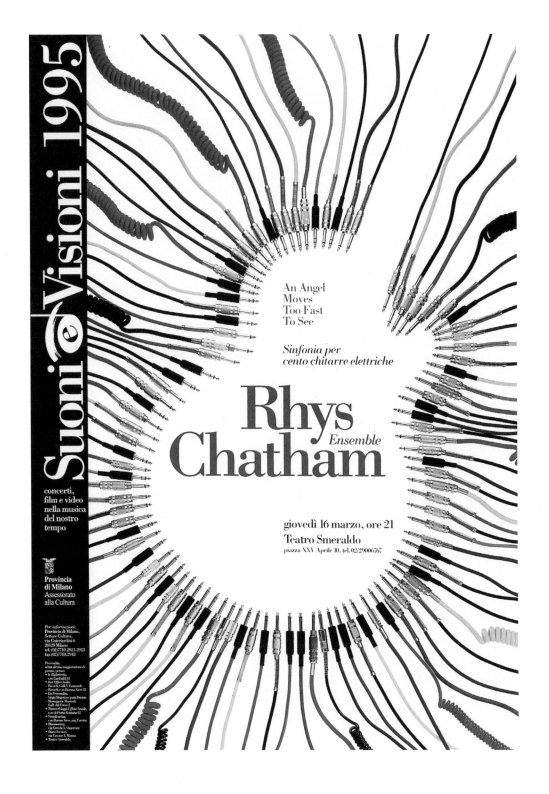

Rhys Chatman Ensemble, Sinfonia per 100 chitarre elettriche / *Symphony for 100 Electric Guitars* – Poster, Suoni&Visioni, rassegna musicale / *music festival*, 1995

Alcuni marchi per imprese e istituzioni italiane e internazionali.
Da sinistra, in alto:
Rilegno – Consorzio nazionale per la raccolta, il recupero e il riciclaggio degli imballaggi in legno
Tucano Urbano – Abbigliamento e accessori moto, bici e scooter
Moleskine – Taccuini, agende, quaderni, borse
Outback – Istituto di ricerca psicologica sulla personalità
La casa delle culture del mondo – Centro culturale multietnico
Cies – Istituto di ricerca per l'innovazione
Limina – Casa editrice
CGL – Centro di formazione manageriale, USA
Centro Teatro Attivo – scuola di *Performing Arts*

MOLESKINE

CENTRO TEATRO ATTIVO

Some trademarks for italian and international
companies and institutions. From left, top:
Rilegno – National consortium for the collection, recovery and recycling of wood packaging
Tucano urbano – Motorbike, bicycle and scooter clothing and accessories
Moleskine – Brand of notebooks, diaries, bags
Outback – Psychological research institute on personality disorders
La casa delle culture del mondo – Multi-ethnic cultural centre
Cies – Research centre for innovation
Limina – Publishing house
CGL – Management training centre, USA
Centro Teatro Attivo – Performing arts school

Matteo Alabiso

Matteo Alabiso, nato e cresciuto a Milano, a 18 anni si è trasferito in Inghilterra dove si è laureato in Graphic Communication alla Norwich University of the Arts. Attualmente lavora come Senior Designer a Droga5, Londra. Precedentemente ha lavorato per Grey London e collaborato con Dau, Tempio del Futuro Perduto, Plus Yes, *Tank Magazine*, The Curators Milan, Letasca e Pomo.
La sua esperienza comprende progetti nelle aree di direzione artistica, contenuti, pubblicità, editoria e digitale per una moltitudine di clienti pubblici e privati.
I suoi lavori sono stati pubblicati su *Creative Review*, *Hoover State*, *It's Nice That* e premiati da D&AD, Creative Circle, British Arrow e Cannes Lion.

Born in Milan, Matteo Alabiso moved to the UK at age 18 where he graduated in Graphic Communication at NUA. Currently working at Droga5 as senior designer, during his career he has collaborated with Grey London, Dau, Tempio Del Futuro Perduto, Plus Yes, *Tank Magazine*, The Curators Milan, Letasca and Pomo.
His experience includes work in the area of art direction, design, content making, editorial and digital design across a variety of clients, big and small.
His work has been featured by *Creative Review*, *Hoover State*, *It's Nice That* and it has won various awards at D&AD, Creative Circle, British Arrow and Cannes Lion.

Coal Drops Yard – Identity System, Kings Cross, 2017

SIGNS

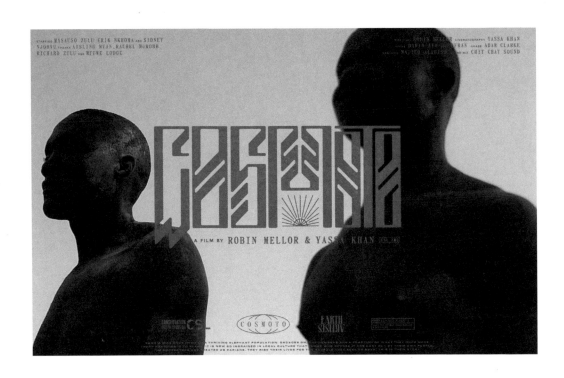

Creative Circle Annual 2017 – Award Identity e / and Book Design, Creative Circle, 2017

Cupra CI – Campaign Identity e / and Lookbook, Cupra Automotive, 2020

Cosmoto – Film title and other collaterals – C.S.L & Earth Artists, 2021

Silvana Amato

Silvana Amato vive a Roma dove si occupa
prevalentemente di grafica editoriale
sviluppando, in particolare, progetti
in ambito culturale.
Suoi lavori sono conservati in numerose
collezioni pubbliche internazionali.
Ha svolto, dal 2002, attività di docenza
in svariate università tra le quali la Sapienza,
lo Iuav e la Naba. Attualmente insegna
all'ISIA di Urbino dove, come membro del
Consiglio Accademico, affianca alla docenza
la promozione della cultura del progetto,
attivando scambi e conferenze con designer
internazionali.
È tra i condirettori della collana Scritture.
È membro dell'AGI Alliance Graphique
Internationale.

Based in Rome, Silvana Amato mostly
works as an editorial designer, especially
developing projects in the cultural field.
Her works are part of different public
international collections. Since 2002, she
teaches and lectures in various universities,
such as Sapienza, Iuav, and Naba. She is
currently a tutor at ISIA Urbino, where
alongside teaching she promotes design
culture as a member of the Academic Council,
fostering exchanges and lectures with
international designers.
She is one of the co-directors of the book
series Scritture. She is a member of AGI
Alliance Graphique Internationale.

Agenda tipografica – Book design, Tipoteca Italiana Fondazione, 2021

Collana Menabò – Book design, Nonostante Edizioni, 2020

Sogni di Mevlidò – Book design, 66thand2nd, 2019. Illustration: Page Tsou

Il corpo della voce – Book design, Palazzo delle Esposizioni, 2019

Cinquantunesimo festival – Identity, Nuova Consonanza, 2014. Illustration: Angelo Monne

Trasposizioni illimitate – Identity, Nuova Consonanza, 2017

Collana Biblioteca Filosofica – Book design, Editori Laterza, 2007-2020

Bunker

Bunker è uno studio di progettazione culturale, specializzato in identità visiva, *book* e *web design* e attivo nei settori cultura, editoria e *corporate*. Con sede a Modena, lo studio collabora attivamente con illustratori, fotografi e *videomaker*. Tra i clienti: Il Sole 24 Ore, Mondadori, Condé Nast, Maxxi, Erickson, Gruppo Carraro, Technogym, Fondazione Reggio Children. Dal 2014 Bunker è partner e art director di Lazy Dog Press, casa editrice orientata alle pubblicazioni di *visual design*, tipografia e illustrazione.

Bunker is an Italian cultural design studio, specialized in visual identity, book, and web design. We are active in the cultural, publishing, and corporate sectors. Based in Modena, the studio works with several illustrators, photographers, and videomakers. Among the studio clients: Il Sole 24 Ore, Mondadori, Condé Nast Italy, The Maxxi museum of Rome, Erickson publishing, Carraro Group, Technogym, Reggio Children Foundation. Since 2014 Bunker is partner and art director of Lazy Dog Press, a publishing house dedicated to visual design, typography and illustration publications.

Bob Noorda. Una vita nel segno della grafica – Book design, Lazy Dog Press, 2021

SIGNS

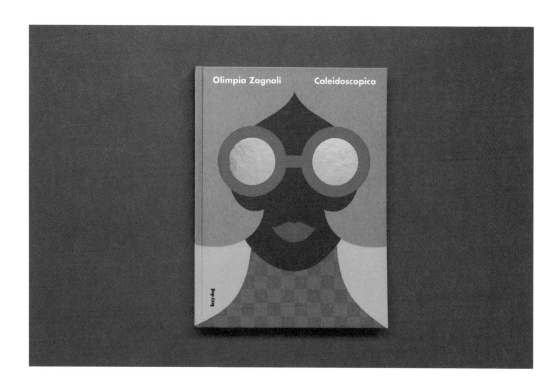

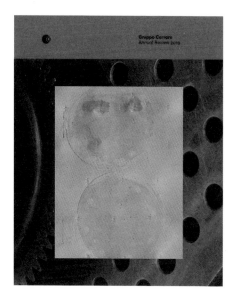

Norme&Tributi Mese – Progetto grafico rivista (in corso) / *magazine graphic design project* (*work in progress*), Il Sole 24 Ore, 2015

Pimpa – Logo e / *and* book design, Franco Cosimo Panini, 2020-2022. Photo: Franco Fontana

Olimpia Zagnoli. *Caleidoscopica* – Book design, Lazy Dog Press, 2021

Annual Review 2019 – Progetto grafico / *graphic design*, Gruppo Carraro, 2020

CamuffoLab

CamuffoLab è uno studio multidisciplinare di *graphic design* specializzato nella progettazione di soluzioni di *brand identity* e di sistemi di *way-finding* in aree diversificate della cultura e del privato. Fondato nel 2010 a Venezia da Marco Camuffo, lo studio ha realizzato contenuti con un metodo non ordinario su diversi media e in diverse scale nel campo dell'arte, dell'architettura, dell'editoria e dell'industria per istituzioni culturali, eventi e clienti commerciali. Gli incarichi recenti includono il sistema di *way-finding* e di allestimento dello stadio P.L. Penzo per la squadra di calcio Venezia FC, la collaborazione con Triennale Milano per la realizzazione dell'*artwork* dell'identità visiva di Triennale Estate – Collecting stories, il progetto editoriale del libro *Imago 1960-1971,* pubblicato da Corraini Edizioni, e l'art direction del progetto in corso dell'area educational di M9 Museo del Novecento.

CamuffoLab is an independent design studio focused on identity and publishing, exhibitions and way-finding systems, website and digital experiences in culture, public institutions and private industry. Founded in 2010 in Venice by Marco Camuffo the studio has created content with an unordinary method in different media and at different scales in the fields of art, architecture, publishing and industry for cultural institutions, events and commercial clients. Recent projects include the way-finding system of the P.L. Penzo stadium soccer team of Venezia FC, the collaboration with Triennale Milano for the creation of the visual identity artwork for Triennale Estate – Collecting stories, the editorial project of the book *Imago 1960-1971,* published by Corraini Edizioni, and the art direction of the ongoing project of the educational area for M9 Museum.

M9 District – Identità visiva, grafica ambientale / *visual identity, environmental design,* M9 Foundation, 2018

XX1T. 21st Century. Design After Design – Identità visiva, grafica ambientale / *visual identity, environmental design,* Triennale Milano, 2016

Stadio P.L. Penzo – Grafica ambientale / *environmental design*, Venezia FC, 2021

Triennale Estate.Collecting Stories – Identità visiva, grafica ambientale / *visual identity, environmental design*, Triennale Milano 2021

Padiglione Kuwait – Design and architecture, EXPO, 2015

Carmi e Ubertis

Carmi e Ubertis è uno studio specializzato nel design strategico per la definizione dei valori della marca e di design grafico per il progetto di *brand identity* e di *brand language*. Nasce nel 1986 dall'unione delle esperienze di Elio Carmi e Alessandro Ubertis, cresce con la collaborazione a brand nazionali e internazionali, e con agenzie di advertising e di marketing strategico. I progetti di *communication design* generati sono il frutto di collaborazioni multidisciplinari con l'obiettivo di costruire progetti sempre *branding design oriented*, aperti agli sviluppi in essere e potenziali.

Carmi e Ubertis is a firm specialised in strategic and graphic design for branding. Established in 1986 by Elio Carmi and Alessandro Ubertis, its clients include national and international firms in both the private and public sector, as well as advertising companies and marketing enterprises. Carmi e Ubertis engages in multisectoral collaborations to develop innovative, flexible, and design-oriented brand communication strategies.

Le Gallerie degli Uffizi – Brand strategy, total brand language, Uffizi Mibac, 2017

Casalone Viticultori. Una tradizione rinnovata nelle terre del Monferrato – Identity, packaging,
Casalone Viticoltori, 2018

Collana *Codici Commentati* – Editorial, identity, Giuffrè Editore, gruppo Giuffrè Francis Lefebvre, 2017

Gaetano Pesce. Il rumore del tempo – Book design, Triennale di Milano, 2005

Manifesto alla carriera per Adriano Olivetti – Poster, ADI Design Museum , 2021

Il termine utopia
è la maniera più comoda
per liquidare quello
che non si ha voglia,
capacità, o coraggio di fare.
Un sogno sembra un sogno
fino a quando non si
comincia da qualche parte,
solo allora diventa
un proposito, cioè qualcosa
di infinitamente più grande.

Compasso d'Oro alla Carriera | 1955
Adriano Olivetti

ADI Design Museum
Compasso d'Oro

Mario Cresci

Mario Cresci (Chiavari, 1942) ha sviluppato fin dalla fine degli anni sessanta un complesso corpo di opere che varia dal disegno, alla fotografia, al video, al *site specific*. Il suo lavoro si è rivolto a una continua investigazione sulla natura del linguaggio visivo usando il mezzo fotografico come pretesto opposto al concetto di veridicità del reale. Ha diretto l'Accademia di Belle Arti G.Carrara dal 1991 al 1999. Svolge attività di docenza e workshop in tutta Italia, attualmente per l'ISIA di Urbino e la FMAV di Modena. Del 2019 il volume *Segni migranti. Storia di grafica e fotografia* (Postcart Edizioni, Roma), un compendio della sua ricerca grafica e fotografica. Vive e lavora a Bergamo.

Mario Cresci (Chiavari, 1942) has developed since the end of the 60's a complex body of work that varies from drawing, to photography, videos and site specific. His work focused on a continuous investigation of nature and visual language, using the photographic medium as a pretext opposed to the concept of truthfulness of reality. He directed the "Accademia di Belle Arti G.Carrara" from 1991 to 1999. He carries out teaching activities and workshops all around Italy and currently for Urbino's "ISIA" and Modena's "FMAV". Publishing in 2009 the book "Segnii migranti". History of graphic and photography (Postcart Edizioni, Roma), a compendium about his graphic and photographic research. He lives and works in Bergamo.

Biennale di Venezia – Cover, 1968

Prima Festa Nazionale Animalista – Poster, 1992

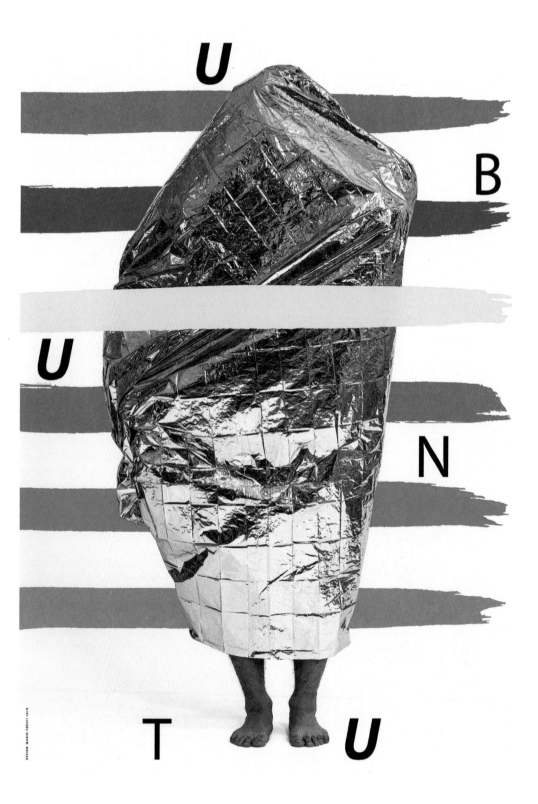

Ubuntu – Poster, 2018

SIGNS

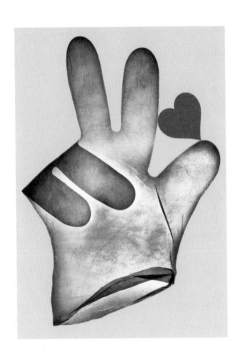

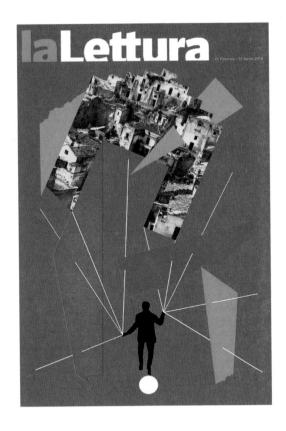

SignsFor – Poster, 2020

La Lettura – Cover, 2018

Alessio D'Ellena (Superness)

Alessio D'Ellena (1985) è un *type* e *graphic designer*, ricercatore e *lecturer*.
Indaga i processi del disegno dei caratteri tipografici – e del design stesso – come pratica "non dogmatica": stress delle forme, *stretch* dei concetti, corruzione delle regole e uso improprio degli strumenti. Il suo lavoro analizza la tipografia come relazione tra sistema di variabili e medium informatico. Dal 2017 guida Superness, una fonderia digitale di caratteri perennemente *work-in-progress*.

Alessio D'Ellena (1985) is a type and graphic designer, researcher and lecturer.
He investigate the processes of typeface design —and design itself— as a "non dogmatic" practice: stress of forms, stretch of concepts up to corruption of rules and misuse of tools. His work inquire typography as relationship between a system of variables and information technology medium. From 2017 he works also as Superness, a permanent work-in-progress digital type foundry.

Hund – Logotipo / *logotype*, studio hund, 2019

Careof – Carattere tipografico personalizzato / *custom typeface*, c/o Careof Milano, 2020

SIGNS

R, Remoria – Logotipo per / *logotype for Remoria: La città invertita* di Valerio Mattioli, Minimum Fax, 2019

Laica typefamily – Sviluppato durante il master / created during the master Type and Media, Kabk The Hague, licenza su / *licence at* abcDinamo.com. Design assist: Franziska Weitgruber, 2016—ongoing

Today, tomorrow. Wasting time – Prodotta da / *produced by* Hansel Grotesque, w/Federico Antonini, 2019. Photo: Elisa Di Sofa e Francesco Paleari

Emilio Fioravanti, G&R Associati

Emilio Fioravanti assistente di Massimo
Vignelli e Bob Noorda dal 1964
al 1968, fonda con altri soci nel 1969
lo studio G&R Associati, di cui oggi
è l'unico rappresentante.
In più di 50 anni di attività realizza progetti
per teatri, musei, mostre, manifestazioni
culturali, e per aziende nel settore privato.
Tra i principali committenti: Teatro alla
Scala, Piccolo Teatro, Comune di Milano,
Artemide, Arflex, Olivari, Poltronova, IBM,
Letraset, Techint, ABB, Humanitas, Società
del Quartetto, Leonardo Editore, Museo
Diocesano, Expo Città 2015, Milano Musica.

Emilio Fioravanti graphic Assistant of
Massimo Vignelli and Bob Noorda from
1964 to 1968, in 1969 he starts, with other
partners, his own studio: G&R Associati.
Now he is the only partner.
During more than 50 years of activity
he realizes lots of projects for theatres,
museums, eshibitions, cultural events.
His main clients are: Teatro alla Scala, Piccolo
Teatro, Comune di Milano, Artemide, Arflex,
Olivari, Poltronova, IBM, Letraset, Techint,
ABB, Humanitas, Società del Quartetto,
Leonardo Editore, Museo Diocesano, Expo
Città 2015, Milano Musica.

I Musei di Milano – Book design, Comune di Milano, 2018

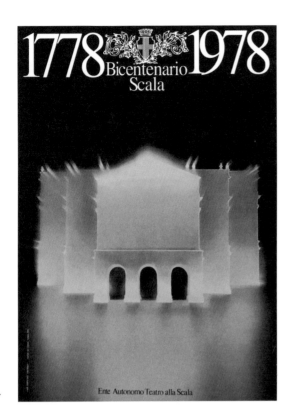

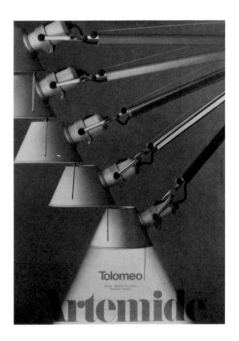

Bicentenario Scala – Poster, Teatro alla Scala, 1978

Expo Città – Poster, Comune di Milano, 2014

Lampada Tolomeo – Poster, Artemide, 1985

Re Lear – Poster, Piccolo Teatro di Milano, 1972

Salvatore Gregorietti

Dopo il liceo artistico a Brera,
Salvatore Gregorietti ha frequentato
la Kunstgewerbeschule di Zurigo dal 1959
al 1961. Nel 1962 inizia a lavorare a Milano
nello studio di Massimo Vignelli.
Dal 1965 al 1990 è socio dello studio Unimark
International con Massimo Vignelli,
Bob Noorda, Franco Mirenzi, Mario Boeri.
Ha impostato la grafica delle riviste: *Linus*,
Corto Maltese, *Capital*, *AutoCapital*, *Carnet*,
Living, *I Democratici*. Dal 1973 al 1992 è
stato art director della rivista *Casa Vogue*
e dal 1969 al 1988 della rivista *Ottagono*
per la quale ha ottenuto il premio Compasso
d'oro nel 1979.
Nel 2018 ha pubblicato, con Skira, il libro
autobiografico *Salvatore Gregorietti,
un progetto lungo cinquant'anni* curato
da Alberto Bassi e Fiorella Bulegato.

After Brera Art high school, he attended
Kuntsgewerbeschule in Zurich from 1959
to 1961. In 1962 he begins his career in Milan
in Massimo Vignelli's studio. From 1965
to 1990 he is part of the studio Unimark
International with Massimo Vignelli,
Bob Noorda, Franco Mirenzi, Mario Boeri.
He has set the graphic design of magazines
like: *Linus*, *Corto Maltese*, *Capital*,
AutoCapital, *Carnet*, *Living*, *I Democratici*.
From 1973 to 1992 he has been art director
of *Casa Vogue* magazine and from 1969
to 1988 of *Ottagono* magazine for which
he won the Compasso d'oro award in 1979.
In 2018 he published , with Skira, the
autobiographical book *Salvatore Gregorietti,
a 50 years project,* edited by Alberto Bassi
and Fiorella Bulegato.

rivista dei fumetti e dell'illustrazione / aprile 1965 / anno 1 / numero 1 / lire 300

linus

LE STORIE DI CHARLIE BROWN E LI'L ABNER
E UN EPISODIO COMPLETO DI BRACCIO DI FERRO

Linus – Cover design, Figure Edizioni, 1965

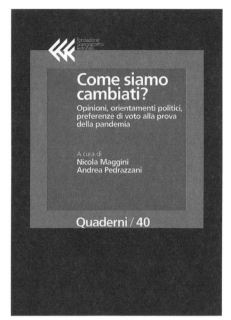

35ª Biennale internazionale d'arte – Poster, Biennale di Venezia, 1970

Quaderni – Book design, Fondazione Giangiacomo Feltrinelli, 2021

Giorno per giorno nella pittura. Federico Zeri e Milano – Poster, Museo Poldi Pezzoli, 2021

Scuola – Poster, laRinascente, 1966. Photo: Aldo Ballo

LaTigre

LaTigre è uno studio di *graphic design* fondato e diretto da Luisa Milani e Walter Molteni, duo creativo riconosciuto a livello internazionale e membro AGI.
Dal 2009 lo studio è alla continua e instancabile ricerca di linguaggi visivi multiformi e caleidoscopici. La ricerca formale è permeata dalla sintesi e da un uso vibrante del colore, il confine tra astratto e figurato diventa a tratti indefinibile.
In questi ultimi anni ha collaborato in modo continuativo con *Abitare*, Apple, Bitossi Home, Bulgari, *Living – Corriere della Sera*, MaxMara, *The New York Times*, *Wired USA*, e tanti altri.

LaTigre is a graphic design studio founded and directed by Luisa Milani and Walter Molteni, an internationally recognized creative duo and AGI member.
The studio has been constantly and tirelessly searching for multiform and kaleidoscopic visual languages since 2009. The main features of their formal research are synthesis and a vibrant use of color where the boundary between abstract and figurative often dissolves.
In recent years the studio has collaborated on an ongoing basis with *Abitare*, Apple, Bitossi Home, Bulgari, *Living – Corriere della Sera*, MaxMara, *The New York Times*, *Wired USA*, and many others.

Love – Print, LaTigre, 2020

Abitare – Progetto grafico della rivista / *magazine graphic design*, RCS MediaGroup, 2021

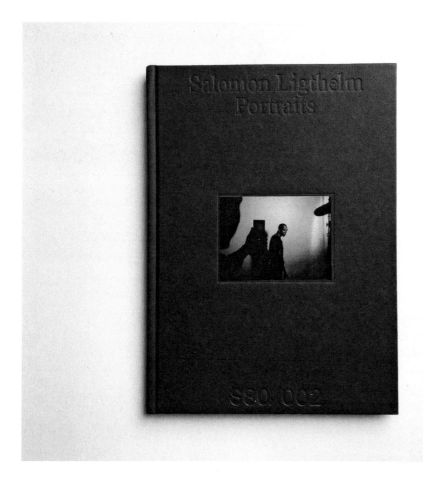

Portaits, Salomon Lightelm – Book design, Section80, 2021

Wow Milano – Book design, Gnambox, 2017

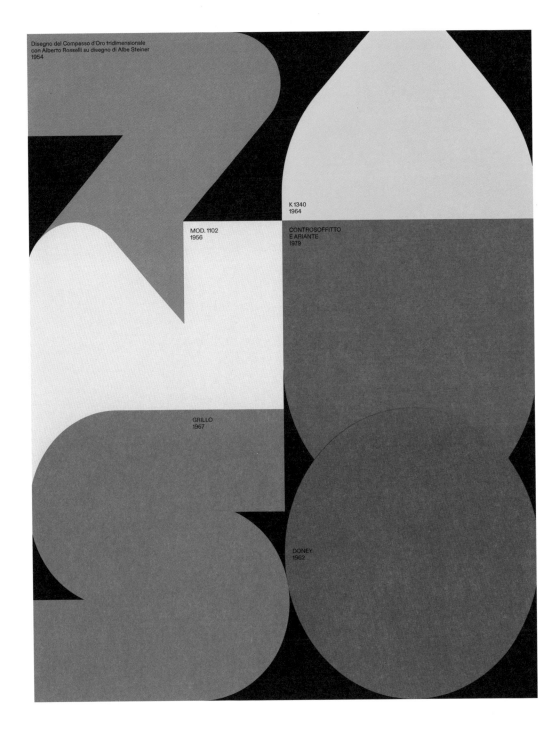

Disegno del Compasso d'Oro tridimensionale
con Alberto Rosselli su disegno di Albe Steiner
1954

K 1340
1964

MOD. 1102
1956

CONTROSOFFITTO
E ARIANTE
1979

GRILLO
1967

DONEY
1962

Manifesto-omaggio al Compasso d'oro alla carriera Marco Zanuso – Poster, ADI Design Museum, 2020

Paola Lenarduzzi, studiopaola

Paola Lenarduzzi è *graphic designer*.
Ha collaborato con le prinicipali case editrici
italiane ed è art director di *Doppiozero*,
quotidiano culturale on line e della rivista
Riga, edita da Quodlibet. Progetta copertine
e libri per la casa editrice d'arte Johan and
Levi. Collabora con Corraini editore su
edizioni singole. Cura la rivista d'arte
Segnature. Insegna tipografia e
progettazione editoriale alla NABA e alla
Raffles a Milano. Il suo studio professionale
è studiopaola con sede a Milano.

Paola Lenarduzzi is a graphic designer.
She has collaborated with the main Italian
publishers and is art director of *Doppiozero*,
an online cultural daily, of the magazine *Riga*
published by Quodlibet, and she designs
covers and books for the Johan and Levi art
publishing house. She collaborates with
Corraini Editore on single editions. She edits
the art magazine *Segnature* and teaches
typography and editorial design at NABA
and Raffles in Milan. Her professional studio
is studiopaola in Milan.

Saul Steinberg

a cura di Marco Belpoliti,
Gabriele Gimmelli e Gianluigi Ricuperati

Riga 43

Quodlibet

Riga 43-Saul Steinberg – Book design, Quodlibet, 2021

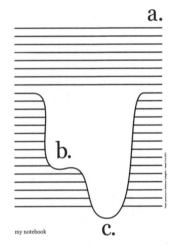

Gila Almagor, *L'estate di Aviha* – Book design, Acquario editore, 2021

Elisa Sighicelli 9 Years – Book design, Skira, 2020

My notebook – Poster, Assab One, Gianluca Codeghini, 2022

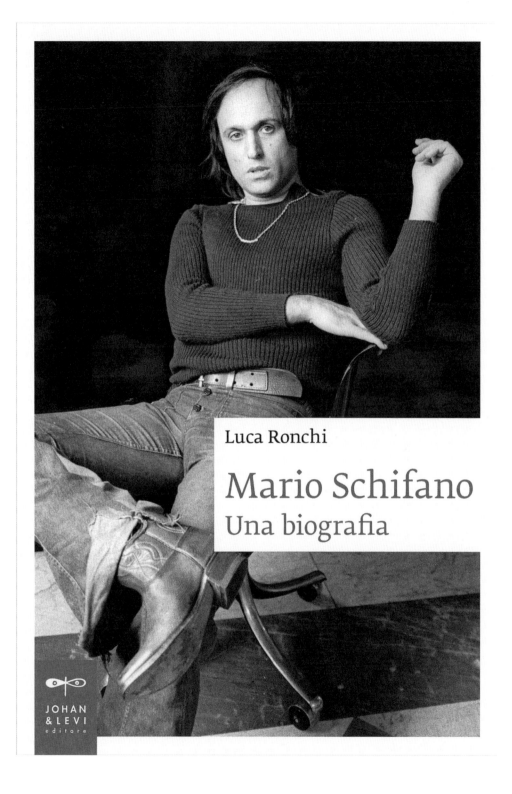

Luca Ronchi

Mario Schifano
Una biografia

JOHAN
& LEVI
editore

Luca Ronchi, *Mario Schifano. Una biografia* – Book design, Johan and Levi, 2012

Francesco Messina / Polystudio

Art director della Biennale di Venezia
(1976-1982) e di Bompiani Libri (dal 1999).
Graphic designer per Emi, PolyGram, Sony,
Universal, Warner, Mondadori, Rizzoli,
Treccani, Fazioli, Arflex e Danieli.
Partnership professionale con Franco
Battiato dal 1974. Co-fondatore di L'Ottava
Edizioni. Produttore discografico e autore
di canzoni (per Alice, tra gli altri).
Autore di *Ogni tanto passava una nave*
(Bompiani, 2014) e *L'alba dentro l'imbrunire*
(Rizzoli, 2021). Docente di Design della
comunicazione all'Università Iuav di Venezia.

Art director at the Venice Biennale (1976–82)
and Bompiani Libri (since 1999). Graphic
designer for Emi, PolyGram, Sony, Universal,
Warner, Mondadori, Rizzoli, Treccani, Fazioli,
Arflex, and Danieli. Professional partnership
with Franco Battiato since 1974. Co-founder
of L'Ottava publishing house. Record producer
/songwriter (for Alice, among others).
Author of *Ogni tanto passava una nave*
(Bompiani) and *L'alba dentro l'imbrunire*
(Rizzoli, 2021). Teacher in Communication
Design at the Iuav University in Venice.

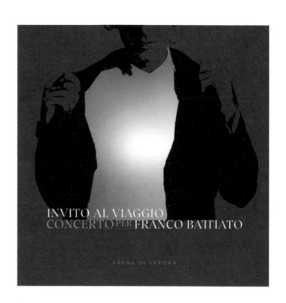

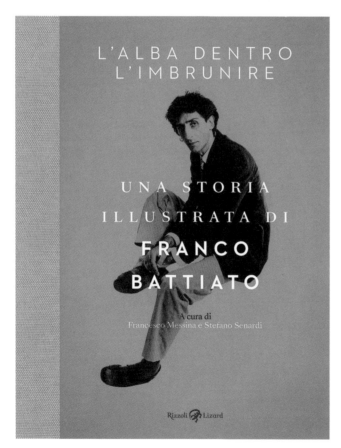

Invito al viaggio. Concerto per Franco Battiato – Progetto grafico, art direction / *graphic design, art direction*, Arena di Verona, 2021

L'alba dentro l'imbrunire – Progetto grafico, curatela / *graphic design, curatorship*, Rizzoli Lizard, 2021

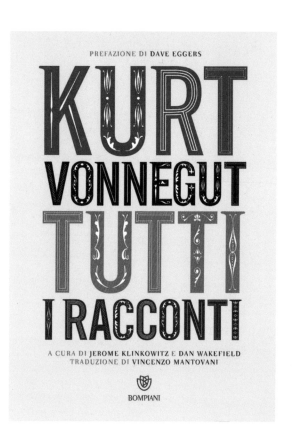

SIGNS

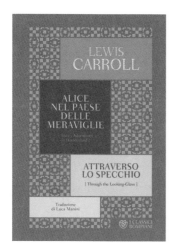
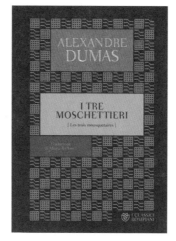
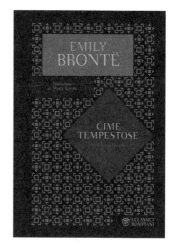

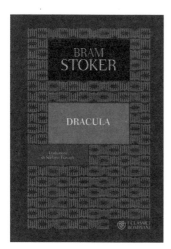

Kurt Vonnegut, *Tutti i racconti* – Cover design, Bompiani, 2018

Antonio Scurati, *M. Il figlio del secolo* – Cover design, Bompiani, 2018

Classici Bompiani — Progetto di collana / *Series design*, Bompiani, 2018

Claudia Neri / Teikna Design

Claudia Neri, di formazione internazionale (Toronto, Canada), ha fondato e tuttora dirige a Milano Teikna Design, boutique focalizzata su *editorial design* e *brand identity*. Collabora da anni con Elisa Stagnoli, ex studentessa e oggi "partner in crime". Ha ricevuto numerosi premi e riconoscimenti tra cui AIGA American Institute of Graphic Arts; *Communication Arts* magazine; Good Design, Chicago Athenaeum; ADI Compasso d'oro Menzione d'onore; Graphis. Ha fatto parte di giurie internazionali come Cannes Lions; Dubai Lynx; Eurobest; ADC Global/Art Directors Club of New York. Nonostante la complessità dei progetti e la serietà dei clienti si diverte ancora a giocare con le figur(in)e.

Creative director and designer with an international training, Claudia Neri operates under the name Teikna Design, a boutique agency currently based in Milan. Originally founded in Toronto, it specializes in branding and editorial design.
Industry recognition and awards include: AIGA, *Communication Arts*, Good Design, ADI Compasso d'oro, Graphis. She has served on international juries, such as: Cannes Lions, Dubai Lynx, Eurobest, ADC Global, Art Directors Club of New York. Despite the complexity of the projects handled, there's always an element of play within her work.

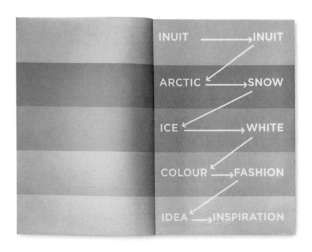

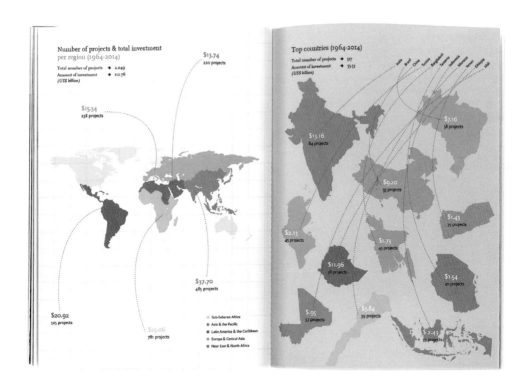

Inuit – Lookbook, Arjowiggins Italia, 2015

FAO Investment Centre / 50 years of Development Support – Book design, FAO Food Agriculture Organization of the United Nations, 2015

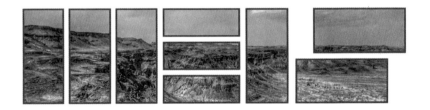

MUSEO NAZIONALE DELL'EBRAISMO
ITALIANO E DELLA SHOAH
—

MUSEUM OF ITALIAN JUDAISM AND THE SHOAH

MEIS Museo Nazionale dell'ebraismo italiano e della Shoah – Logo e / *and brand identity system*, 2017

Sartoriale – Lookbook, Arjowiggins Italia, 2018

Sammontana loves Milton – Book design, Sammontana, 2021

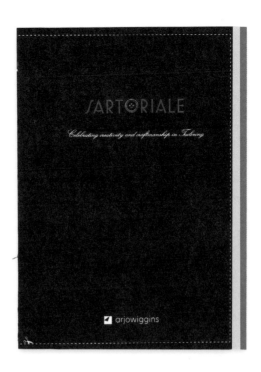

Parco Studio

Parco è uno studio di *graphic design* con sede a Milano, fondato da Loredana Bontempi e Emanuele Bonetti. Dal 2010 progettiamo sistemi di comunicazione e strategie visive per dare forma ai contenuti dei nostri clienti, con un'attenzione particolare ai temi di rilevanza socio-culturale e alla ricerca costante delle possibili intersezioni con la cultura visiva contemporanea. Dal 2018 Parco è anche Gallery, il primo spazio a Milano interamente dedicato al *graphic design*. Crediamo che l'immaginazione sia il modo migliore per dare forma al futuro.

Parco is a graphic design studio based in Milan, founded by Loredana Bontempi and Emanuele Bonetti. Since 2010 we have been designing communication systems and visual strategies to shape the contents of our customers, with particular attention to socio-cultural issues and a constant research for possible interactions with contemporary visual culture. Since 2018 we are also Parco Gallery, the first graphic design gallery in Milan. We believe that imagination is the best tool to shape the future.

Pronto – Immagine coordinata / *corporate identity*, Pronto, servizio di accoglienza e ascolto del CIG Arcigni Milano, 2021

LaCittàIntorno – Immagine coordinata del progetto / *project identity*, Fondazione Cariplo, 2017-2020

Oda – Sito web e sistema di comunicazione digitale / *web site and digital communication system*,
Ordine e Fondazione dell'Ordine degli Architetti di Milano, 2021

Magnete – Immagine coordinata / *project identity*, Magnete, nuovo spazio di innovazione culturale nel quartiere Adriano, 2022

unsedicesimo – "Instagram in un sedicesimo", numero 58 della rivista *Un Sedicesimo*, Corraini Edizioni, 2021

Andrea Rauch Design

Andrea Rauch (Siena, 1948) ha disegnato
e progettato immagini per enti pubblici,
istituzioni culturali e movimenti politici.
Suoi manifesti fanno parte delle collezioni
del Museum of Modern Art di New York e del
Musée de la Publicité del Louvre di Parigi.
Con Stefano Rovai (dal 1983) e Walter
Sardonini (dal 1991) ha diretto lo studio
fiorentino di progettazioni visive Graphiti,
fino al 1993.
Dal 1994 al 2002 ha insegnato Graphic
design presso il corso di laurea in Scienze
della comunicazione dell'Università degli
Studi di Siena. Ha esposto grafica e disegni
in ogni parte del mondo.

Andrea Rauch (Siena, 1948) has drawned
and designed for public authorities, cultural
institutions and political parties. His posters
are part of the collections of the New York
Museum of Modern Art and of the Paris
Louvre Musée de la Publicité.
With Stefano Rovai (since 1983) and Walter
Sardonini (since 1991) has directed, in
Florence, the studio Graphiti Visual Design,
until 1993.
From 1994 to 2002 he has teached Graphic
design at the University of Siena. Andrea
Rauch has exhibited his graphic design works
and drawings all over the world.

Post pop, propter hoc, I Beatles nella grafica pop – Poster, Comune di Spoleto, 2012

Un anno con Pinocchio – Poster, Museo Venturino Venturi, Loro Ciuffenna, 2020

Viaggio all'inferno – Poster, Museo MAGMA, Civitanova Marche, 2021

Carteles 1985-2000 – Poster, illustrazione da / *poster, image from* Guadalupe Posada, Bienal internacional del cartel en Mexico, Guadalajara, 2000

Posters 1978-2010 – Poster, illustrazione da / *poster, image from* Hokusai, Istituto italiano di cultura, Tokyo, 2010

Altre storie – Poster, illustrazione da / *poster, image from* Milton Glaser, Cartacanta, Civitanova Marche, 2018

RovaiWeber design

RWD – RovaiWeber design – è attivo a Firenze anche se la maggior parte del team proviene da altri paesi. Socio fondatore dello studio Graphiti, dal 1997 Stefano Rovai lavora con Susanna Weber. Niccolò Mazzoni è partner dal 2019.

Lo studio sviluppa progetti di immagine coordinata, grafica editoriale, allestimenti di mostre e musei, campagne di comunicazione. RWD ha realizzato la grafica del Museo Galileo e del Museo dell'Opera del Duomo Firenze e di numerosi musei in Italia; ha vinto gare internazionali per il Nasjonalmuseet di Oslo, la BNF Bibliothèque Richelieu a Parigi e il Musée d'Art et d'Histoire Ville de Béziers. Cura la comunicazione e l'identità grafica per la Fondazione Palazzo Strozzi. Stefano Rovai è attualmente docente di Laboratorio di design della comunicazione presso l'Università degli Studi di San Marino.

RWD – RovaiWeber design – is a graphic design studio with an international talent pool based in Florence. Stefano Rovai and Susanna Weber in 1997 joined forces to create RWD, a studio that specializes in fully coordinated image projects, printed graphics, exhibition and museum design and communication campaigns. Niccolò Mazzoni joined the studio as a partner in 2019. RWD has worked on graphic design projects for the Galileo Museum and the Opera del Duomo Museum in Florence, as for other museums in Italy. It has competed successfully in international graphic design tenders for Oslo's Nasjonalmuseet, the BNF Bibliothèque Richelieu in Paris and the Musée d'Art et d'Histoire Ville de Béziers. It handles communications and graphics for Fondazione Palazzo Strozzi. Stefano Rovai teaches at the University of San Marino's Communications Design Laboratory.

Anni Trenta, Arti in Italia oltre il Fascismo – Poster, Fondazione Palazzo Strozzi, 2012

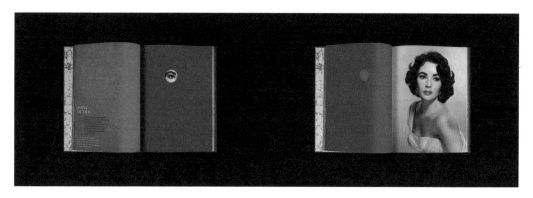

Vision Vivier – Book design, Roger Vivier, 2021

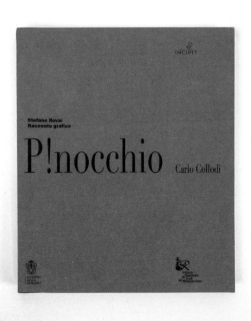

Pinocchio. Racconto grafico – Book design, INCIPIT, 2021

Andrea Rovatti / Rovatti Design

Andrea Rovatti inizia nello studio di
Enzo Mari. Fonda la propria agenzia
di comunicazione e design, integrando
in seguito questa attività con la fotografia
d'autore e l'arte. Partecipa a numerose
mostre personali e collettive. Suoi lavori
sono esposti in sedi quali le Nazioni Unite
a New York, EXPO 2015, la Triennale, il Grand
Palais a Parigi, Palazzo Reale a Milano.
È presidente di ADI, Delegazione Lombardia
e ha fatto parte del Consiglio Direttivo AIAP.
Per 12 anni ha insegnato Design della
comunicazione al Politecnico di Milano.
Ha insegnato fotografia all'Albe Steiner.
Tra i riconoscimenti ottenuti: lo European
Design Award 2009, il Green Dot Award 2011
e la Menzione d'onore al Compasso d'oro 2014.

Starting in Enzo Mariani's studio, Andrea
Rovatti founds his communication and design
agency, supplementing lately this activity with
art and art photography. He partecipates to
various exhibitions, personal and collective.
His works are exposed in locations as the New
York ONU, EXPO 2015, Triennale, Grand Palais
in Paris, and Palazzo Reale.
He is the president of ADI, Lombardia's
department. He has been part of the AIAP
board of directors. Lecturer for 12 years in
Communication design at Politecnico. He also
teached photography at Albe Steiner.
Winner of the European Design Award 2009
and the Green Dot Award 2011. Honorable
mention at Compasso d'oro 2014.

Catalogo Swatch Group – Cover design, 1990

125 years of sharing happiness

Coca-Cola 125 Years – Progetto di comunicazione / *communication project*, 2011

You live, we care – Progetto di allestimento / *set design*, Europ Assistance, 2008

Italian culture, the journey goes on... – Campagna di comunicazione / *communication campaign,* Ambasciata Italiana a Washington, 2013

Confini del Design, a cura di / edited by Andrea Rovatti – ADI Lombardia, 2019

Studio Mut

Studio Mut è stato fondato da Thomas Kronbichler e Martin Kerschbaumer ed è considerato uno degli studi di *graphic design* più vivaci in Italia (*Grafik Magazine*, Londra). Thomas e Martin sono noti per il loro stile esuberante, sia nella vita che nel lavoro, e per creare opere grandiose e colorate con un'aria sia giocosa che seria. Sono membri dell'Alliance Graphique Internationale (AGI), l'associazione dei migliori designer grafici nel mondo.
Thomas e Martin tengono conferenze e workshop in università e festival di design a Milano, San Marino, Berlino e Londra. Lo studio lavora tra l'altro per Città di Trieste, Pinakothek der Moderne di Monaco, Fondazione Architettura Alto Adige, Louis Vuitton, Victoria & Albert Museum London e il Museion di Bolzano.

Studio Mut was founded by Thomas Kronbichler and Martin Kerschbaumer and is considered one of the most vibrant graphic design studios in Italy (*Grafik Magazine*, London). Thomas and Martin are known for their exuberant style, both in life and in their work, and for creating grand and colourful works with an air of both playfulness and seriousness. They are members of Alliance Graphique Internationale (AGI), the association of the world's leading graphic artists and designers.
T studio works, among others, for the City of Trieste, Pinakothek der Moderne in Munich, Fondazione Architettura Alto Adige, Louis Vuitton, Victoria & Albert Museum London and Museion in Bolzano.

Astra – Comunicazione e progettazione / *communication and design*, Astra, Bressanone, 2021. Photo: Michael Pezzei

Trieste Estate – Poster, Città di Trieste, 2015. Photo: Roberto Pastrovicchio

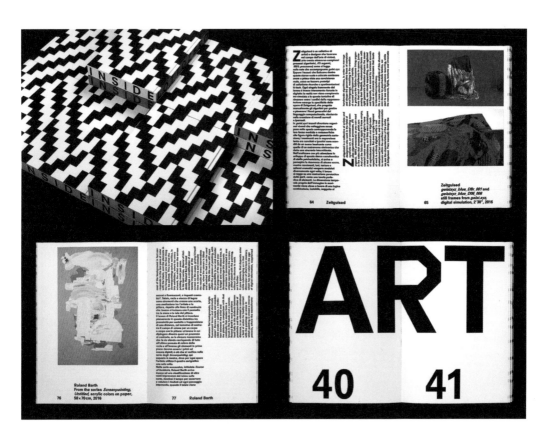

Inside Lottozero – Book design, 2019. Photo: Studio Mut

Segnaletica / wayfinding – Scuola di musica / music school, Bressanone, 2021. Photo: Martino Stelzer

Techno – Poster, Museion Bolzano, 2021. Photo: Martino Stelzer

Tassinari/Vetta

Consolidato protagonista nel campo del design per la cultura, Tassinari/Vetta è specializzato in identità visiva, in progetti editoriali e in grafica ambientale. Tuttora alla guida dello studio fondato nel 1981 con Pierpaolo Vetta, art director della rivista *Casabella*, Paolo Tassinari ha vinto il Compasso d'oro ADI nel 2011, ricoprendo successivamente ruoli pubblici nel settore della cultura. Membro dell'AGI Alliance Graphique Internationale dal 2005, è attualmente presidente del gruppo italiano.

A long established practice in design for culture world, Tassinari/Vetta focuses on visual identity, editorial projects and environmental graphics. Director of the studio founded with Pierpaolo Vetta in 1981 and art director of *Casabella* magazine, a member of AGI Alliance Graphique Internationale since 2005 and currently president of the Italian group, Paolo Tassinari was awarded with the Compasso d'oro ADI prize in 2011, and covered public roles in the cultural sector in the following years. Member of AGI Alliance Graphique Internationale since 2005, he is now president of the Italian group.

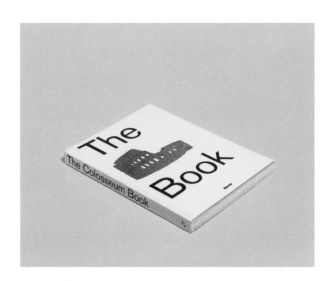

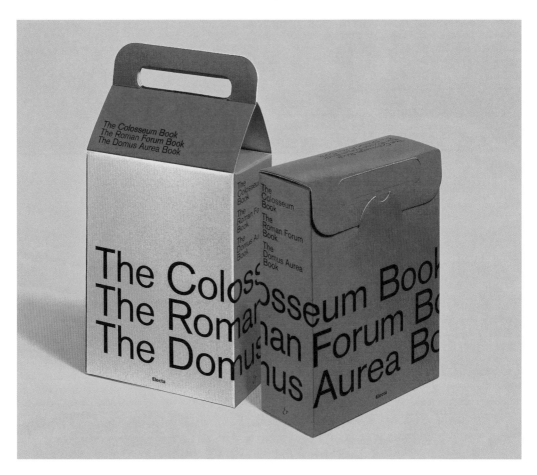

Trilogia del Parco Archeologico del Colosseo – Book design, Electa, 2019

The World of Tecno – Parte del progetto di identità visiva / *part of the visual identity project*, 2020

SISSA 40! – Identità visiva e comunicazione / *visual dentity, communication*, Scuola Internazionale Superiore di Studi Avanzati, SISSA, 2018

Vittoria Alata Brescia 2020 – Francobollo / *postage stamp*, Fondazione Brescia Musei, 2020

Stefano Tonti

Stefano Tonti, *graphic designer*, dopo diversi anni a Barcellona e a Milano come assistente di Italo Lupi, vive a Rimini e lavora principalmente per istituzioni ed eventi artistici e culturali. La sua immagine grafica per il teatro Novelli di Rimini e per il premio giornalistico Ilaria Alpi sono stati selezionati per due edizioni del Compasso d'oro, e suoi lavori pubblicati in mostre, siti web, libri e riviste in Italia e all'estero. È stato segretario generale (2015-2018) e segretario del Collegio dei Probiviri (2019-2021) di Aiap, Associazione italiana design della comunicazione visiva.

Stefano Tonti, graphic designer, spent several years in Barcelona and Milan as Italo Lupi's assistant. He now lives in Rimini, working mainly for artistic and cultural institutions and events. His graphics for the Rimini City Theatre and the Ilaria Alpi Television Journalism Award were both selected for the Compasso d'oro Award, and his works featured in exhibitions, design books, magazines and websites worldwide.
He has served 3 years as General Secretary (2015-2018) and then as Secretary (2019-2021) of the Board of Arbitrators of Aiap, the Italian association of Visual Communication Design.

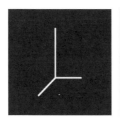

Boboli – Carattere tipografico / *typeface*, 2021

Loghi / *logotypes*, 2014-2021

Post truth – Digital collage, ricerca personale / *personal research,* 2017

Lupus in fabula – Digital collage, ricerca personale / *personal research,* 2020

Espressione del territorio – Identità visiva / *visual identity*, Museo del Territorio, Riccione, 2018

Marco Tortoioli Ricci

Marco Tortoioli Ricci, nato a Perugia
nel 1964, nel 1992 dà vita allo studio bcpt
con cui sviluppa progetti in Italia e all'estero.
Nel 2003 fonda il collettivo Co.Mo.Do.
dedicandosi al design per l'innovazione
sociale. Insegna Metodologia del progetto
all'Isia di Urbino ed è coordinatore
del biennio magistrale in Brand design
dei territori presso ABA Perugia.
Nel novembre 2018 è stato eletto
Presidente di AIAP.

Born in Perugia in 1964, in 1992 Marco
Tortoioli Ricci founded bcpt design studio with
which he develops projects in Italy and abroad.
In 2003 he founded Co.Mo.Do. collective
dedicated to communication for social
innovation. He teaches Design Methodology
at Isia Urbino, Higher Formation Institute
for Graphic Arts. In November 2018 he has
been elected President of AIAP.

Resonating Trees – Installazione digitale, carattere tipografico, spot / *digital installation, typeface, spot*, con / *with* Francesco Gubbiotti, Federico Ortica, Andrea Marchi, Laboratorio immagine, Modena, Listone Giordano, 2018

ITA and ISSRA (Theological Institute and Superior Institute of Religious Sciences of Assisi) – Identità visiva, carattere tipografico / *brand visual identity, typeface*, con / *with* Gianluca Sandrone, Nicola Cappelletti, ITA/ISSRA, 2019

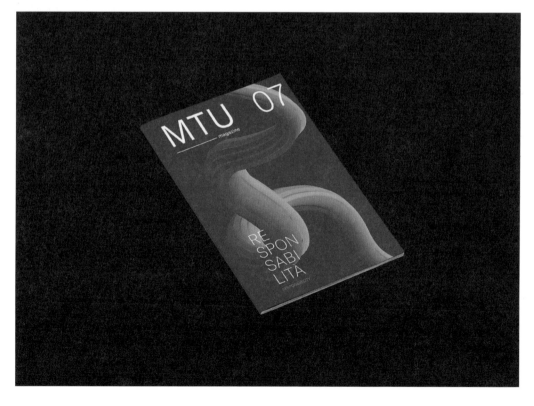

MTU Magazine – Pubblicazione, illustrazioni / *publishing, illustrations*, con / *with* Grazia Dammacco, Nicola Cappelletti, Meccanotecnica Umbra, 2020-2022

Un Altro Studio

Un Altro Studio nasce l'1.1.11 dalla volontà di Matteo Carboni di organizzare un gruppo di lavoro fluido per progettare non più "per" le persone ma "con" le persone, facendo maggiormente leva sulla condivisione e la partecipazione. Si occupa prevalentemente di sistemi di identità per la cultura e il territorio. Altro Studio è un luogo multidisciplinare, di incontro di passioni e di scambio di conoscenza, fatto di persone che pensano progetti utili, centrati sull'utente, che riducano i problemi e creino relazioni.

Un Altro Studio was born on 1.1.11 from the desire of Matteo Carboni to organize a fluid work group to design no longer "for" but "with" people, relying on sharing and participation. It mainly deals with identity systems for culture and territory. It is a multidisciplinary venue, where passion and knowledge meet and merge. People at Un Altro Studio imagine useful, user-centered projects that reduce problems and create relationships.

Un Altro Studio – Sistema di identità dinamica / *dynamic identity system*, Un Altro Studio, 2011

Soprintendenza Archeologia, Belle Arti e Paesaggio per la città metropolitana di Bologna – Identità visiva, comunicazione, infografica e allestimento / *visual identity, communication, infographics and setting-up*, con / *with* Marcello Signorile, Massimo Pastore, Ubaldo Righi, 2012

LA
R∩CCHE✝TA
MATTEⁱ

LA
ROCCHETTA
MATTEⁱ

LA
R∩CCHETT∧
MATTEI

L∧
ROCCHETTA
MATTEI

L∧
ROCC✕ETTA
MATTEI

LA
ROCCHETTA
∧ATTEI

LA
ROCCHETT∧
MATTEI

L∧
R∩CCHETTA
MATTEI

La Rocchetta Mattei – Identità visiva / *visual identity*, 2015

Museo Noceto – Identità visiva / *visual identity*, con / *with* Massimo Pastore, Mic – Ministero della cultura, 2021

Gallerie Estensi di Modena – Allestimento di mostra / exhibition design, 2018

⊠ MUSEO
ASCA
OTIVA
OCETO

M USEO
ASCA
OTIVA
OCETO

Univisual

Univisual è uno studio indipendente di design italiano, avviato a Milano da Gaetano Grizzanti dal 1986, specializzato nella progettazione di marchi e sistemi d'identità per industrie manifatturiere, imprese di servizi e istituzioni. Sintesi ed emblematicità – fondamenti del credo di Univisual – guidano l'approccio rigoroso di ogni intervento, in equilibrio tra la cultura di progetto e il raggiungimento degli obiettivi strategici del committente.

Univisual is an independent Italian design studio, founded in Milan by Gaetano Grizzanti in 1986, specialized in trademarks and corporate identity systems for manufacturing industries, service companies and institutions. Synthesis and emblematicity – the foundations of Univisual's creed – guide the rigorous approach of each projects, in balance between the design culture and the achievement of the client's strategic objectives.

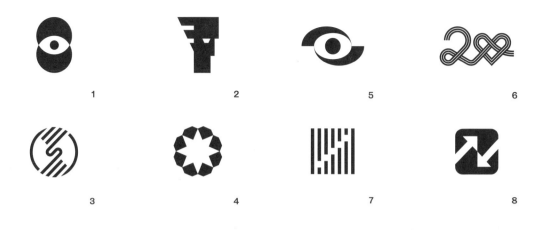

1   2   5   6

3   4   7   8

Trademarks: 1. Regione Liguria (C1AO Expo) 2019 – 2. Tour Operator Service (Express courier) 1994 – 3. Niventa (Medical equipment) 2014 – 4. Mycott & Darin (Diamand trader) 2015 – 5. Valsecchi (Opticians) 1986 – 6. GNV (Ferryboats 20 year anniversary) 2013 – 7. Trend online (Financial Web journal) 2021 – 8. El Kamel Group (Import-Export) 1995

Lapitec – Corporate identity per un'azienda nel settore dell'architettura / *for an architecture company*, Lapitec, 2019-2021

Nella pagina seguente / *On the following page:*
Itelyum – Corporate identity per un gruppo chimico / *for a chemical group*, Itelyum, 2019-2021

Rossetto – Carattere tipografico per un fornitore di prodotti per l'ufficio / *Bespoke typeface for an office products supplier*, Rossetto, 2018-2020

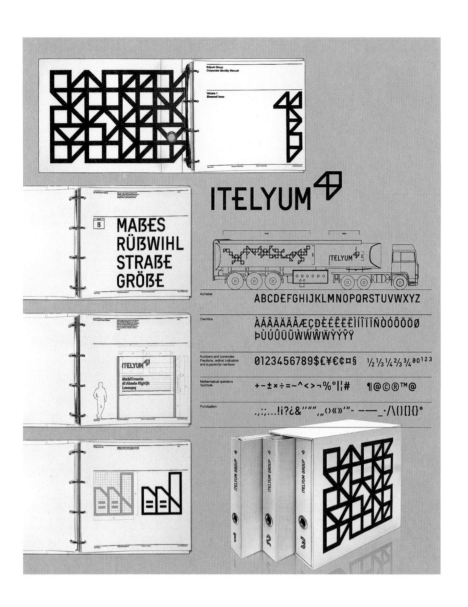

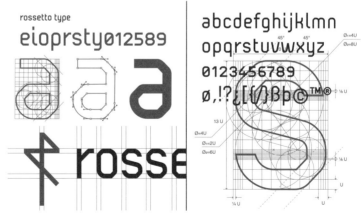

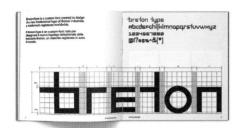

Breton Type Specimen

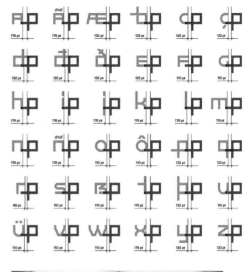

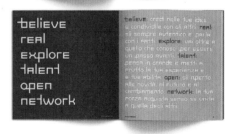

Carattere tipografico / *typeface*, Gruppo Breton, 2019–2021

Custom-font sviluppato per il Gruppo Breton, produttore di macchine industriali per la lavorazione di granito e metalli. Il carattere tipografico è stato progettato per il design del logotipo aziendale e per la composizione dei nomi di prodotto, di brevi testi e titolazioni. Le proporzioni delle lettere, con uno spessore grafico costante, sono guidate da una griglia a modulo quadrato per formare un testo compatto, al limite della leggibilità, a favore di una comunicazione visiva geometricamente rigorosa, quale metafora dell'estrazione metalmeccanica dell'azienda. Il 'BretonType' – che affonda le sue radici nella tipografia razionalista dei primi del Novecento ispirandosi al mono-alfabeto "quadrato" di Theo van Doesburg – integra maiuscole e minuscole in un tipo unicase (175 glifi), introducendo l'uso di ascendenti, discendenti e 144 legature automatiche.

Bespoke font designed for Breton Industries, manufacturer of machines for processing granite and metals. The typeface was developed for design of the logotype company and for the composition of product names, short texts and titles. The proportions of the letters, with a constant graphic thickness, are guided by a square module grid to form a compact text, bordering on legibility, in favor of a geometrically rigorous visual communication, as a metaphor for the company's engineering background. The 'BretonType' – which has its roots in the rationalist typography of the early twentieth century inspired by Theo van Doesburg's mono-alphabet "square" – integrates uppercase and lowercase letters into a unicase type (175 glyphs), introducing the use of ascenders, descenders and 144 automatic ligatures.

Zetalab

Zetalab è un studio di comunicazione di Milano che si occupa di identità visiva e consulenza creativa per aziende, eventi, prodotti e istituzioni. Guidato dai partner Lucio Luzo Lazzara, Marco Boldrini, Roberta Ricciuti e Stefano Joker Lionetti, sviluppa e cura con la stessa passione progetti grandi e piccoli per clienti come Moleskine, Smemoranda, Einaudi, Piano City Milano, Internazionale, Jakala, Triennale di Milano, Feltrinelli. È ideatore di "The Milaneser".

Zetalab is a Milan-based communication design studio focused on visual identity and creative consultancy for brands, events, products and institutions. It is directed by partners Lucio Luzo Lazzara, Marco Boldrini, Roberta Ricciuti and Stefano Joker Lionetti, developing with the same passion and care small and large projects for clients such as Moleskine, Smemoranda, Einaudi, Piano City Milano, Internazionale, Jakala, Triennale di Milano, Feltrinelli. It's the founder of "The Milaneser".

Il Nuovo Vocabolario della Moda Italiana – Identità visiva della mostra / *exhibition visual identity*,
Triennale di Milano, 2015

Piano City Milano – Identità visiva / *visual identity*, h+, 2019

Pink – Progetto per un'agenda femminile / *Project for a women's diary*, Smemoranda, 2014

Jakala – Rebranding + visual identity, Jakala, 2018

Cereali & Tuberi – Identità visiva / *visual identity* EXPO2015 pavillon, Triennale di Milano, 2015

Silvana Editoriale

Direzione editoriale / *Direction*
Dario Cimorelli

Art Director
Giacomo Merli

Coordinamento editoriale / *Editorial Coordinator*
Sergio Di Stefano

Redazione / *Copy Editor*
Laura Maggioni

Traduzione / *Translation*
Sarah Elizabeth Cree

Progetto grafico e impaginazione / *Graphic design and layout*
Alice Guarnieri

Coordinamento di produzione / *Production Coordinator*
Antonio Micelli

Segreteria di redazione / *Editorial Assistant*
Giulia Mercanti

Ufficio iconografico / *Photo Editor*
Silvia Sala

Ufficio stampa / *Press Office*
Alessandra Olivari, press@silvanaeditoriale.it

Silvana Editoriale S.p.A.
via dei Lavoratori, 78
20092 Cinisello Balsamo, Milano
tel. 02 453 951 01
fax 02 453 951 51
www.silvanaeditoriale.it

Le riproduzioni, la stampa e la rilegatura
sono state eseguite in Italia
Reproductions, printing and binding in Italy
Stampato da / *Printed by* Grafiche Pacini,
Ospedaletto (Pisa)
Finito di stampare nel mese di marzo 2022
Printed March 2022

**Il curatore desidera ringraziare i designer
invitati alla seconda edizione di
SIGNS. Grafica Italiana Contemporanea,
Alice Guarnieri per il progetto grafico,
il team di Accapiù per il supporto organizzativo
e infine l'editore per il generoso contributo
al progetto.**

*The curator would like to thank the designers
invited to the second edition of
SIGNS. Grafica Italiana Contemporanea,
Alice Guarnieri for the graphic project,
Accapiù team for the organization support
and finally the publisher for their generous
contribution to the project.*